atual

O novo acordo ortográfico

João Malaca Casteleiro
Pedro Dinis Correia

Texto

Edifício Texto Editores
Estrada de Paço de Arcos, 66
2735-336 CACÉM
LINHAS DE APOIO AO PROFESSOR
Tel.: 707 231 231
Fax: 21 427 22 09
E-mail: escolar@textoeditores.com

Vertrieb TFM - Centro do Livro
Tel. 069-282647
Fax 069-287363
E-mail: info@tfmonline.de
www.tfmonline.de

Lisboa, 2008 | 3.ª edição | ISBN 978-972-47-3764-5 | Depósito legal n.º 275 523/08 | Impresso por EIGAL

Nota introdutória
ao Novo Acordo Ortográfico

Breve notícia histórica

A questão da unificação ortográfica da língua portuguesa arrasta-se desde 1911. Nesta data foi adotada em Portugal a primeira grande reforma ortográfica. Ora, fixar legislativamente a ortografia de uma língua constitui um ato de soberania, ato praticado por Portugal, sem a participação do Brasil (então o outro grande país de língua portuguesa), o qual não acatou aquela reforma.

Durante todo o século XX foram várias as tentativas, entre Portugal e o Brasil, para se chegar a uma ortografia comum. Essas tentativas ocorreram em 1931, 1943, 1945, 1971/1973, 1986 e 1990. Nestas últimas duas tentativas participaram já os novos países africanos, emergentes da descolonização portuguesa.

Assistimos, pois, desde 1911, a uma espécie de "guerra ortográfica" dos cem anos, à qual agora se pretende pôr termo. Ou seja, pondo em vigor o *Novo Acordo Ortográfico* de 1990, laboriosamente preparado por delegações da Academia das Ciências de Lisboa, da Academia Brasileira de Letras e dos cinco países africanos lusófonos – Angola, Cabo Verde, Guiné-Bissau, Moçambique e São Tomé e Príncipe – e aprovado politicamente pelos ministros ou secretários de estado da cultura dos sete países, numa reunião efetuada em Lisboa, em 16 de dezembro de 1990. Tal *Acordo* deveria ser posteriormente ratificado pelos parlamentos dos sete países para poder entrar em vigor em 1 de janeiro de 1994. Porém, só Portugal, o Brasil e Cabo Verde o ratificaram.

Em julho de 2004, numa reunião da Comunidade dos Países de Língua Portuguesa (CPLP), realizada em São Tomé, foi aprovado, por unanimidade, e já com a participação de Timor-Leste, um protocolo modificativo do *Acordo*, segundo o qual este entraria em vigor, desde que ratificado apenas por três países. Ora, esta nova ratificação já foi efetuada pelo Brasil, por Cabo Verde e por São Tomé e Príncipe, esperando-se também que ela seja feita por Portugal e, como é desejável, pelos restantes países em falta.

Atualidade e pertinência do Novo Acordo

O *Novo Acordo Ortográfico* de 1990, apesar de já terem passado 17 anos sobre a sua aprovação, mantém-se válido e atual.

As razões que, desde sempre, nortearam a procura de uma ortografia tanto quanto possível unificada da língua portuguesa são sobejamente conhecidas.

A primeira razão é de natureza histórica. De facto, torna-se imperioso pôr cobro a uma deriva ortográfica de quase um século.

A segunda razão é de âmbito lusófono e internacional. Sendo a língua portuguesa um instrumento de comunicação de oito países, de quatro continentes, com mais de duzentos milhões de falantes, e língua oficial ou de trabalho de mais de uma dúzia de organizações internacionais, torna-se urgente que disponha de uma só ortografia unificada.

A terceira razão é de natureza pedagógica e também internacional. Nas várias escolas e instituições em que por esse Mundo fora se ensina e cultiva o português, convém que haja só uma ortografia, e não duas, pois tal facilita a aprendizagem.

Caraterísticas gerais do Novo Acordo

O *Novo Acordo* privilegia, de certo modo, o critério fonético, em desfavor do critério etimológico. É o que sucede com a supressão, do lado lusoafricano, das chamadas consoantes mudas em palavras como *ato* (e não *acto*), *direção* (e não *direcção*), *ótimo* (e não *óptimo*), etc. Esta supressão, há muito consagrada do lado brasileiro, facilita a aprendizagem e o ensino da ortografia nas escolas. É natural que tal supressão provoque algum desconforto nos adultos, habituados a associar ao significado da palavra a imagem acústica da sua pronúncia e a imagem gráfica da sua forma escrita, imagens automaticamente memorizadas e, por conseguinte, difíceis de modificar, o que exige um ato consciente. Mas alguma prática da nova ortografia e o recurso, hoje de utilização tão comum, a um corretor ortográfico atualizado resolverão rapidamente as dificuldades.

No *Novo Acordo* introduziu-se o alfabeto português e neste incluíram-se as letras *k*, *w* e *y*, que há muito figuram nos dicionários da língua portuguesa e se usam em palavras estrangeiras, e suas derivadas, e ainda em vários símbolos.

Reduziram-se e sistematizaram-se melhor as regras de emprego do hífen, sobretudo nas formações por prefixação, recomposição e justaposição, adaptando-as a práticas já correntes na grafia de certas terminologias.

Suprimiram-se alguns acentos gráficos e definiram-se, tão objetivamente quanto possível, a situações de dupla grafia, incluindo a dupla acentuação.

É certo que o *Novo Acordo* não consegue atingir a unificação ortográfica absoluta, uma vez que há diferenças intransponíveis dos dois lados do Atlântico, as quais foram acentuadas pelo tempo. As tentativas anteriores de unificação absoluta falharam. O *Novo Acordo* visa, pois, a unificação possível, mas que, mesmo assim, abrangerá cerca de 98% do léxico e impedirá, com certeza, que as diferenças se aprofundem e ampliem. Manter-se-á assim a unidade essencial da ortografia da língua portuguesa. Repare-se que o *Novo Acordo Ortográfico* apenas afeta a grafia da escrita e não interfere de modo nenhum nem nas diferenças orais, nem nas variações gramaticais ou lexicais.

Está ainda previsto no *Acordo* a elaboração de um amplo *Vocabulário Ortográfico Unificado*, com a colaboração dos oito países lusófonos, o qual resolverá eventuais dificuldades que possam surgir na aplicação do mesmo *Acordo*.

Enfim, o leitor encontrará a seguir uma súmula, tão clara e sucinta quanto possível, das modificações e alterações trazidas pelo *Novo Acordo Ortográfico* de 1990.

Alfabeto da língua portuguesa

k

w

y

O alfabeto do português é formado por vinte e seis

letras:

a A (á)	***n N (ene)***
b B (bê)	***o O (ó)***
c C (cê)	***p P (pê)***
d D (dê)	***q Q (quê)***
e E (é)	***r R (erre)***
f F (efe)	***s S (esse)***
g G (gê ou guê)	***t T (tê)***
h H (agá)	***u U (u)***
i I (i)	***v V (vê)***
j J (jota)	***w W (dáblio)***
k K (capa ou cá)	***x X (xis)***
l L (ele)	***y Y (ípsilon)***
m M (eme)	***z Z (zê)***

Com o *Novo Acordo Ortográfico* as letras ***k*** (***capa*** ou ***cá***), ***w*** (***dáblio***, tradicionalmente também grafado ***dâblio*** e designado ***duplo vê***) e ***Y*** (***ípsilon***, também designado tradicionalmente por ***i grego***) passam a constar do alfabeto da língua portuguesa.

O seu uso verifica-se em:

a) Nomes próprios e seus derivados:

Kant	***kantiano***
Franklin	***frankliniano***
Wagner	***wagneriano***
Welwitsch	***welwítschia***
Darwin	***darwiniano***

b) Unidades monetárias:
kina kwanza won yuan

c) Símbolos de uso internacional:

K	***potássio; kelvin***
kg	***quilograma***
km	***quilómetro***
W	***watt; tunsgsténio; oeste***
Y	***ítrio***
Yd	***jarda***
Dy	***disprósio***
Gy	***gray***

d) Topónimos e derivados:

Washington	***washingtoniano***
Wellington	***wellingtoniano***

e) Desportos e desportistas:

windsurfe	***windsurfista***

inverno
setembro

Uso de minúscula

O *Novo Acordo Ortográfico* sistematiza a utilização de minúscula em início de palavra. Assim, e como já acontece nos nomes dos dias da semana, escrevem-se com inicial minúscula:

a) Os meses do ano:
janeiro, fevereiro, março, abril, maio, junho, julho, agosto, setembro, outubro, novembro, dezembro.

b) Os pontos cardeais e colaterais:
norte, sul, este, oeste, nordeste, noroeste, sudeste ou **sueste, sudoeste, és-nordeste, és-sudeste** ou **és-sueste, nor-noroeste, nor-nordeste, oés-noroeste, oés-sudoeste, su-sudeste** ou **su-sueste, su-sudoeste.**

N.B.: Mantém-se inicial maiúscula nas abreviaturas dos pontos cardeais e colaterais, assim como na designação de regiões com os mesmos pontos:

O avião virou-se para N.
O Sul está em festa.

c) As designações usadas para mencionar alguém cujo nome se desconhece ou não se quer mencionar e que são sinónimas de *sujeito, pessoa, indivíduo:*
fulano, beltrano, sicrano

Uso de maiúscula ou minúscula

O *Acordo* prevê o emprego opcional de maiúscula ou minúscula em início de palavra nos seguintes casos:

a) Títulos de livros ou obras equiparadas (biblionónimos), devendo o primeiro elemento ser sempre grafado com maiúscula inicial, assim como os nomes próprios aí existentes:

A Ilustre Casa de Ramires ou ***A ilustre casa de Ramires.***
As Pupilas do Senhor Reitor ou ***As pupilas do senhor reitor.***
O Senhor do Paço de Ninães ou ***O senhor do paço de Ninães.***

b) Formas de tratamento, expressões que exprimem reverência, hierarquia, cortesia:

Senhor Professor ou ***senhor professor.***
Exmo. Sr. ou ***exmo. sr.***
Vossa Santidade ou ***vossa santidade.***

c)Nomes que designam domínios do saber, cursos e disciplinas escolares.

Português ou ***português***.
Matemática ou ***matemática***.
Língua e Cultura Portuguesa ou ***língua e cultura portuguesa.***

d)Logradouros públicos, templos ou edifícios.

Avenida da Liberdade ou ***avenida da liberdade.***
Torre dos Clérigos ou ***torre dos clérigos.***

ótima seleção

Supressão gráfica de consoantes mudas ou não articuladas

Uma das principais alterações consagradas no *Novo Acordo Ortográfico* consiste na supressão, na norma lusoafricana, das consoantes mudas ou não articuladas.
A ocorrência destas consoantes na norma culta lusoafricana, há muito suprimidas na norma culta brasileira, por necessidades de alfabetização, tornou-se o principal óbice à unificação. Esta divergência revela-se incompreensível e constrangedora para os lusitanistas estrangeiros, nomeadamente para professores e estudantes de português.
É o critério da pronúncia que determina, aliás, a supressão gráfica das consoantes mudas ou não articuladas, as quais se têm conservado na ortografia lusoafricana essencialmente por razões de ordem etimológica.
Assim no exemplo:

> ***O proteccionismo evidenciado pelo sindicato não lhe provocou qualquer reacção, mas fê-lo reflectir sobre a actual situação dos arquitectos.***

passam a suprimir-se as consoantes não articuladas na norma culta lusoafricana, pelo que passaremos a escrever:

> ***O protecionismo evidenciado pelo sindicato não lhe provocou qualquer reação, mas fê-lo refletir sobre a atual situação dos arquitetos.***

Sequências consonânticas
Exemplificação de casos de supressão das consoantes mudas ou não articuladas.

cc

abstracionismo, acionamento, colecionador, confecionar, direcional, fracionar, lecionar, protecional, selecionamento, transacionado.

N.B.: Nos casos em que a consoante se articula, esta mantém-se, como é evidente:

faccioso, ficcional, friccionar, perfeccionismo.

cç

ação, coleção, contração, correção, deteção, direção, distração, ejeção, ereção, extração, fração, infração, injeção, objeção, projeção, proteção, reação, seleção.

N.B.: Nos casos em que a consoante se articula, esta continuará evidentemente a manter-se:

convicção, evicção, ficção, fricção, sucção.

ct

ata (s. f.), ativar, ator, atual, adjetivo, afeto, arquitetura, coletivo, correto, defetivo, detetar, dialeto, direto, diretor, elétrico, espetáculo, exatamente, letivo, objetivo, objeto, projeto, refletir, teto (s.m.).

N.B.: Nos casos em que a consoante se articula, teremos, pois, a sua manutenção:

bactéria, compacto, convicto, facto, intelectual, invicta, lácteo, néctar, noctívago, octógono, pacto, pictórico.

pc

anticoncecional, dececionante, excecional, percecionismo, rececionista.

N.B.: Nos casos em que a consoante se articula, verificar-se-á igualmente a sua conservação:

capcioso, egípcio, núpcias, opcional.

pç

aceção, adoção, conceção, deceção, interceção, receção.

N.B.: Nos casos em que a consoante se articula, esta será conservada:

corrupção, erupção, interrupção, opção.

pt

Egito, adotar, batismo, ótimo, otimismo.

N.B.: Nos casos em que a consoante se articula, esta estará sempre presente:

adepto, apto, eucalipto, inepto, rapto.

creem
heroico
pera

Acentuação gráfica

Supressão de acentos gráficos em palavras graves

O *Novo Acordo* prevê que todas as palavras graves (paroxítonas), nomeadamente os verbos da segunda conjugação, que contêm um ***e*** tónico oral fechado em hiato com a terminação ***-em*** da 3.ª pessoa do plural do presente do indicativo ou do conjuntivo, não recebam acento circunflexo: Assim sendo, formas como ***crêem, dêem, lêem, vêem*** (dos verbos ***crer, dar, ler, ver***), e do mesmo modo ***descrêem, desdêem, relêem, revêem*** (dos verbos ***descrer, desdar, reler, rever***), passam a ocorrer sem o acento circunflexo.

creem, deem, leem, veem, descreem, desdeem, releem, reveem.

Ao contrário do que acontecia anteriormente, as palavras graves que, tendo respetivamente vogal tónica aberta ou fechada, são homógrafas de palavras proclíticas deixam de receber acento agudo ou circunflexo, conforme os casos. Será, pois, o contexto, em que a palavra ocorre, que permite estabelecer essa distinção.

Por conseguinte, não se diferenciam:

para (á), flexão de ***parar***, e ***para***, preposição;
pela(s) (é), substantivo e flexão de ***pelar***, e ***pela(s)***, combinação de ***per*** e ***la(s)***;
pelo (é), flexão de ***pelar***, e ***pelo(s)*** (ê), substantivo ou combinação de ***per*** e ***lo(s)***;
polo(s) (ó), substantivo, e ***polo(s)***, combinação antiga e popular de ***por*** e ***lo(s)***;
coa(s) (ô), flexão de ***coar***, e ***coa(s)***, combinação de ***com*** e ***a*** (do mesmo modo ***Coa***, topónimo);
pera (ê), substantivo, e ***pera***, preposição arcaica;
pero (ê), substantivo, e ***pero***, conjunção arcaica (do mesmo modo ***Pero***, antropónimo);

No entanto, o acento circunflexo mantém-se nas formas **pôde** (3.ª pessoa do singular do pretérito perfeito do indicativo), que se diferencia da correspondente forma do presente do indicativo **pode**, e na forma verbal **pôr**, para assim a distinguir da preposição **por**.

Supressão de acentos gráficos em palavras graves com ditongo *oi*

Uma das alterações previstas no *Novo Acordo* é a supressão do acento agudo em palavras graves que têm como sílaba tónica o ditongo **oi**.

Assim, vários são os casos de palavras abrangidas por esta alteração, como, por exemplo:

> ***asteroide, carcinoide, heroico, esfenoide, espermatozoide, etmoide, ictioide, jiboia, joia, paleozoico.***

N.B.: Repare-se que formas semelhantes como **comboio** *e* **dezoito** *já não tinham acento.*

Hifenização

A *Convenção Ortográfica Luso-Brasileira* de 1945 revela algumas dificuldades e incongruências na aplicação das regras de uso do hífen. Embora não existam praticamente divergências entre a norma culta lusoafricana e a brasileira, verifica-se, contudo, alguma oscilação no que respeita à grafia de muitas palavras, sobretudo em relação a formas derivadas por prefixação e em formações por recomposição, ou seja, as que contêm pseudoprefixos de origem grega e latina, do tipo **anti-, auto-, hiper-** e **super-, pluri-** e **multi-**, etc.

Na verdade, o *Novo Acordo* estabelece uma reformulação das regras da *Convenção* de 1945 de forma a clarificar e a tornar mais simples o emprego do hífen.

Deste modo, elimina-se o hífen nas formações por prefixação e recomposição em que o prefixo ou pseudoprefixo termina em vogal e o elemento imediatamente seguinte começa por ***r*** ou ***s***, dobrando-se estas consoantes:

antirreligioso, autorrádio, autosserviço, contrarreação, contrarrelógio, cosseno, microssistema, minissaia, semisselvagem, semirreta, ultrassónico.

Elimina-se também o emprego do hífen nas formações por prefixação e recomposição em que o prefixo ou pseudoprefixo termina em vogal e o elemento imediatamente seguinte começa por vogal diferente daquela:

agroindustrial, antiaéreo, autoestrada, coautor, codireção, extraescolar, hidroelétrico, plurianual.

Emprega-se, no entanto, o hífen sempre que, nas formações por prefixação e recomposição, o prefixo ou pseudoprefixo termina em vogal e o elemento imediatamente seguinte começa por vogal igual àquela, exceptuando o prefixo ***co-***, que ocorre em geral aglutinado, mesmo quando o elemento seguinte começa por ***o***:

anti-ibérico, contra-almirante, coobrigação, coocorrente, infra-axilar, intra-arterial, micro-ondas, semi-interno.

As palavras compostas que designam espécies na área da botânica e da zoologia, estejam ou não ligadas por preposição ou qualquer outro elemento, escrevem-se sempre com hífen, como, por exemplo:

abóbora-menina, couve-flor, erva-doce, feijão-verde; benção-de-deus, erva-de-rato, erva-do-chá, ervilha-de-cheiro, fava-de-santo-inácio, bem-me-quer; andorinha-grande, cobra-capelo, formiga-branca.

Uma outra alteração prevista no *Novo Acordo Ortográfico*, quanto ao emprego do hífen, reside nas ligações da preposição ***de*** com as formas monossilábicas do presente do indicativo do verbo ***haver***, casos em que é sempre suprimido:

hei de, hás de, há de, heis de, hão de.

feiura

Acentuação gráfica

Supressão de acentos gráficos em palavras graves

O *Novo Acordo Ortográfico*, tal como já acontece na norma lusoafricana, suprime por completo o emprego do trema (¨), sinal de passagem de ditongo crescente a hiato, e como forma de assinalar a pronúncia do ***u***, em contextos do tipo ***-gu-*** e ***-qu-***, como, por exemplo:

aguentar (e não ***agüentar***),
arguente (e não ***argüente***),
linguista (e não ***lingüista***);
delinquente (e não ***delinqüente***),
frequente (e não ***freqüente***),
sequência (e não ***seqüência***).

O trema manter-se-á, porém, em palavras de origem estrangeira e suas derivadas, como, por exemplo:

hübneriano, de ***Hübner***;
mülleriano, de ***Müller***.

Supressão de acentos gráficos em palavras graves com ditongo *ei*

Ao contrário da norma lusoafricana, na norma culta brasileira as palavras graves, como, por exemplo, ***platéia***, que têm como sílaba tónica o ditongo ***ei***, escrevem-se com acento agudo.
O *Novo Acordo* suprime o acento agudo, não só em palavras graves que têm como sílaba tónica o ditongo ***oi***, já referido atrás, mas também no caso das palavras graves com o ditongo ***ei*** tónico:

assembleia, boleia, epopeia, ideia, onomatopeico, plateia, proteico, ureia.

Procedimento semelhante está previsto no novo texto ortográfico quanto à eliminação do acento circunflexo nas formas verbais e nominais das palavras graves em que um ***o*** tónico fechado faz hiato com outro ***o***, vigente até agora na norma culta brasileira, em palavras como:

abençoo, flexão de ***abençoar*** (em vez de ***abençôo***);
enjoo substantivo e flexão de ***enjoar*** (em vez de ***enjôo***);
moo, flexão de ***moer*** (em vez de ***môo***);
povoo, flexão de ***povoar*** (em vez de ***povôo***);
voo, substantivo e flexão de ***voar*** (em vez de ***vôo***).

Além dos casos anteriores, elimina-se também o acento agudo na norma culta brasileira em palavras graves com vogais tónicas grafadas com ***i*** e ***u***, quando precedidas de ditongo, como, por exemplo, em:

baiuca (em vez de ***baiúca***);
boiuno (em vez de ***boiúno***);
feiura (em vez de ***feiúra***).

Coexistência de duplas grafias, devidas à variação de pronúncia, nas duas normas cultas

Oscilação entre a pronunciação e a supressão das sequências consonânticas interiores

De facto, verifica-se, quer no interior da norma culta lusoafricana, quer no interior da norma culta brasileira, uma oscilação na pronúncia das sequências consonânticas **-cc-**, **-cç-** e **-ct-**. Assim sendo, o *Novo Acordo Ortográfico* prevê que, nas palavras que apresentam variação entre a prolação e o emudecimento, se registe essa variação com dupla grafia. Vários são os casos em que se verifica oscilação, no seio da norma culta lusoafricana e na brasileira, em que os falantes pronunciam ou não a consoante, como, por exemplo:

característica	***caraterística***
dáctilo	***dátilo***
dactilografia	***datilografia***
dêictico ou deíctico	***dêitico ou deítico***
infecção	***infeção***
infeccioso	***infecioso***
infectar	***infetar***
intersecção	***interseção***
interseccionar	***intersecionar***
reactância	***reatância***
sector	***setor***
sectorial	***setorial***

Coexistência de duplas grafias no universo da língua portuguesa

Sequências consonânticas

A par dos casos anteriores, verifica-se também uma oscilação, não no interior de uma das normas cultas, mas entre a norma culta lusoafricana e a norma culta brasileira. Ou seja, existem palavras em que se pronuncia a consoante na norma lusoafricana e a mesma não é proferida na norma brasileira e vice-versa. Trata-se, portanto, da coexistência de duas grafias no universo da língua portuguesa. Não se trata, pois, de uma mudança, de uma reaprendizagem, mas sim do reconhecimento das formas legítimas da norma culta lusoafricana e da norma culta brasileira.

cc, cç e **ct**

Norma lusoafricana	*Norma brasileira*
facto	***fato***
contactar	***contatar***
defetivo	***defectivo***
olfacto	***olfato***
olfactivo	***olfativo***

pc, pç e pt

Norma lusoafricana	*Norma brasileira*
assumptível	***assumptível*** ou ***assuntível***
conceção	***concepção***
concetivo	***conceptivo***
contraceção	***contracepção***
contracetivo	***contraceptivo***
corrupção	***corrução***
deceção	***decepção***
dececionar	***decepcionar***
interceção	***intercepção***
intercetar	***interceptar***
percecionar	***percepcionar***
perentório	***peremptório***
receção	***recepção***

N.B.: A síncope do grafema p *não articulado, quando ocorre no contexto dos grupos consonânticos* **-mpc-**, **-mpç-** *e* **-mpt-** *determina a adequação ortográfica* **-nc-**, **-nç-** *e* **-nt-**, *como acontece, por exemplo, em* assumpção e peremptório, *que com tal supressão passam a* assunção e perentório.

bd, bt, gd, mn e tm

Norma lusoafricana	*Norma brasileira*
súbdito	***súbdito*** ou ***súdito***
subtil	***subtil*** ou ***sutil***
amígdala	***amígdala*** ou ***amídala***
amigdalite	***amigdalite*** ou ***amidalite***
amnistia	***amnistia*** ou ***anistia***
indemnizar	***indenizar***
omnipotente	***omnipotente*** ou ***onipotente***
omnívoro	***omnívoro*** ou ***onívoro***
aritmética	***aritmética*** ou ***arimética***

polémico
polêmico

Acentuação gráfica

Emprego de acento agudo ou de acento circunflexo no universo da língua portuguesa

Palavras esdrúxulas (proparoxítonas)

Encontramos divergências de timbre, entre a norma lusoafricana e a norma brasileira, na articulação das palavras esdrúxulas que têm vogais tónicas *e* e *o*, seguidas das consoantes nasais *m* e *n*, com as quais não formam sílaba, uma vez que em Portugal essas vogais são abertas (*é* e *ó*) e em grande parte do Brasil são de timbre fechado (*ê* e *ô*). Por conseguinte, são legítimas as duas variantes.

Vogal *e*, seguida de consoante nasal *m* ou *n*

Norma lusoafricana	*Norma brasileira*
académico	***acadêmico***
biénio	***biênio***
efémero	***efêmero***
gémeo	***gêmeo***
género	***gênero***
génese	***gênese***
ingénuo	***ingênuo***
milénio	***milênio***
oxigénio	***oxigênio***
polémico	***polêmico***
sénior	***sênior***

cómico

cômico

Vogal *o*, seguida de consoante nasal *m* ou *n*

Norma lusoafricana	*Norma brasileira*
agronómico	***agronômico***
barómetro	***barômetro***
cómico	***cômico***
crónico	***crônico***
fenómeno	***fenômeno***
harmónica	***harmônica***
homónimo	***homônimo***
insónia	***insônia***
matrimónio	***matrimônio***
ómega	***ômega***
sinfónico	***sinfônico***
tónica	***tônica***
vómito	***vômito***

Palavras graves (paroxítonas)

A oscilação de timbre, entre as duas normas cultas, das vogais tónicas ***e*** e ***o*** em final de sílaba, seguidas de consoantes nasais ***m*** e ***n***, também se verifica em palavras graves.
O *Novo Acordo* prevê que coexistam também, no universo da língua, as duas variantes.

Vogal *e*, seguida de consoante nasal *m* ou *n*

Norma lusoafricana	*Norma brasileira*
fémur	***fêmur***
Fénix	***Fênix***
pénis	***pênis***
sémen	***sêmen***
ténis	***tênis***
Vénus	***Vênus***
xénon	***xênon***

Vogal *o*, seguida de consoante nasal *m* ou *n*

Norma lusoafricana	*Norma brasileira*
abdómen	***abdômen***
adónis	***adônis***
bónus	***bônus***
clónus	***clônus***
ónix	***ônix***
ónus	***ônus***
pónei	***pônei***

Palavras agudas (oxítonas)

Algumas divergências de timbre são também encontradas em palavras agudas terminadas em ***e*** tónico, sobretudo em palavras de origem francesa, dado que na norma lusoafricana aquela vogal ocorre aberta, com acento agudo, e na norma brasileira se usa como fechada, com acento circunflexo.

Vogal *e* final em palavras agudas

Norma lusoafricana	*Norma brasileira*
caraté	***caratê***
bebé	***bebê***
croché	***crochê***
matiné	***matinê***
puré	***purê***

À semelhança da oscilação de timbre nas palavras agudas terminadas em ***e***, existe também um ou outro caso de palavras agudas terminadas em ***o***.

Vogal *o* final em palavras agudas

Norma lusoafricana	*Norma brasileira*
cocó	***cocô***
ró	***rô***

Um outro caso de oscilação de timbre prende-se com palavras agudas terminadas, na norma brasileira, em ***o*** fechado (ô), às quais se opõem, na norma lusoafricana, as variantes graves.

Vogal *o* final com variação de sílaba tónica

Norma lusoafricana	*Norma brasileira*
judo	***judô***
metro	***metrô***

Emprego ou supressão de acentos gráficos em palavras graves

O *Novo Acordo* prevê que se assinale, na norma culta lusoafricana, com acento agudo, nos verbos regulares da primeira conjugação, a terminação da primeira pessoa do plural do pretérito perfeito do indicativo, de modo a distingui-la das correspondentes formas do presente do indicativo, e que, na norma culta brasileira, não haja distinção destas formas.

Deste modo, coexistem para as formas do pretérito perfeito na primeira pessoa do plural:

andámos, cantámos, lavámos, na norma culta lusoafricana;

andamos, cantamos, lavamos, na norma culta brasileira.

A primeira pessoa do plural do presente do conjuntivo do verbo ***dar*** é grafada com acento circunflexo, na norma lusoafricana, de modo a distingui-la da forma do pretérito perfeito do indicativo do mesmo verbo, distinção que não se verifica na norma brasileira.

Deste modo, coexistem para a forma da primeira pessoa do plural do presente do conjuntivo do verbo ***dar***:

dêmos, na norma culta lusoafricana;

demos, na norma culta brasileira.

Nota final

Apresentámos, de forma sucinta e tão clara quanto possível, as alterações que o *Novo Acordo* vem introduzir na ortografia da língua portuguesa. Apenas enunciámos – convém que fique claro – as novas alterações. Não foi nosso propósito apresentar uma sinopse de todo o *Novo Acordo Ortográfico*. As normas da ortografia atualmente em vigor, que se mantêm, não foram aqui tidas em conta, pois são já sobejamente conhecidas do leitor.

Foi nossa preocupação dar a conhecer, não só as alterações que afetam a norma culta lusoafricana, mas também aquelas que são introduzidas na norma culta brasileira e ainda os casos de duplas grafias, incluindo a dupla acentuação, como forma de proporcionar ao leitor uma visão global de todas as alterações introduzidas, para que, ao ter acesso a livros e publicações, escritos no âmbito de qualquer das duas normas, não estranhe as diferenças ortográficas porventura encontradas.